Belleville. — Imp. de GALBAN.

LE PEUPLE EXEMPT D'IMPOTS

AU-DESSOUS DE **3,500** FR. DE REVENU OU DE PRODUITS.

AUX CITOYENS

LES REPRÉSENTANTS A L'ASSEMBLÉE NATIONALE

ET LES MEMBRES DU GOUVERNEMENT

DE LA RÉPUBLIQUE FRANÇAISE.

CONSIDÉRATIONS

SUR LES IMPOTS,

UN SEUL A CONSERVER, TROIS A ÉTABLIR,

SIX A SUPPRIMER,

TOUT LE PERSONNEL DES EMPLOYÉS MAINTENU.

PRODUITS PLUS CONSIDÉRABLES.

PREUVES DE L'EXÉCUTION.

> Pour la mise en action du saint principe de la Fraternité, **LA PART DU NÉCES-SAIRE FAITE**, tout et tous doivent contribuer aux charges publiques, dans la mesure progessive des moyens maté-riels et intellectuels.

LISEZ ET JUGEZ !......

Paris, 7 mai 1848.

1848

CONSIDÉRATIONS SUR LES IMPOTS.

SYSTÈME PROPOSÉ

PAR UN ANCIEN CONTROLEUR DES CONTRIBUTIONS DIRECTES

A TOUS LES BONS FRANÇAIS,

A TOUS CEUX QUI REGARDENT COMME UN DEVOIR

QUE LES CHARGES PUBLIQUES

SOIENT SUPPORTÉES PAR CEUX QUI POSSÈDENT,

A QUELQUE TITRE QUE CE SOIT,

ET DANS LA MESURE PROGRESSIVE DE TOUTES LEURS RESSOURCES;

VRAIS PRINCIPES DE LA JUSTICE,

de la **Liberté**, de l'**Égalité** et de la **Fraternité**.

Aujourd'hui, plus que jamais, on se préoccupe de la nécessité de refondre le vieux et mauvais système des impôts qui pèse sur la France. Tout le monde reconnait enfin que par son principe de proportionnalité, il maintient une charge accablante pour le prolétaire, tandis qu'il effleure à peine le superflu de la fortune et laisse tout-à-fait dans l'oubli l'équitable répartition des charges publiques, basée sur l'accroissement progressif des ressources.

Cependant, il est encore des personnes qui voudraient conserver des priviléges en matière d'impôts. Il en est qui se récrient sur la contribution que le plus grand nombre demande sur les rentes; et on dit à ce sujet *que l'impôt auquel on les assujétirait, ne serait pas juste, parce qu'il ne frapperait qu'une classe de citoyens, les rentiers, et ne frapperait qu'une sorte de valeurs, les rentes sur l'État* (1).

L'impôt foncier ne frappe-t-il donc pas aussi, et comme tous les autres, chacun en son particulier, qu'une classe de citoyens,

---

(1) Journal *la Liberté*, du 12 avril 1848.

celui-ci, ceux qui possèdent la terre, les maisons, les usines ?..... Lesquels sont encore obligés à de grandes charges d'entretien, de réparations et de reconstructions ; tandis qu'on laisse jouir tranquillement les capitalistes et d'autres moyens de fortune, sans qu'ils aient jamais à contribuer à aucune charge.

L'impôt foncier, cependant, n'est-il pas le plus souvent d'un poids souverainement injuste pour celui qui le supporte ? Alors qu'il est exigé seulement de la personne sous le nom de laquelle la propriété est indiquée au rôle des contributions, sans se préoccuper le moins du monde si elle possède encore tout ou partie de l'objet imposé ? N'est-il pas bien établi aux bureaux des hypothèques la preuve irrécusable que la propriété se trouve souvent grevée jusqu'aux trois quarts de sa valeur ? Qu'il en résulte alors que la contribution ne porte plus sur les produits, puisqu'ils sont plus ou moins absorbés par les intérêts du capital emprunté. Tel, par exemple, a vendu des immeubles pour quatre cent mille francs qui, jusque là, lui faisaient payer des contributions pour une somme de quinze à seize cents francs ; il a placé deux cent mille francs en rente sur l'État, et autant en prêts hypothécaires ou dans l'industrie, il se trouve exempt d'impôts dans cette nouvelle condition ; tandis que son emprunteur, propriétaire foncier, dont le revenu est réduit de l'intérêt du capital, supporte encore toutes les charges. Il serait donc de toute justice que la contribution foncière qui devait frapper le revenu produit par le capital, si elle est maintenue au nom de la personne indiquée au rôle, *ce qui, du reste, est rationnel,* soit retenue par le débiteur à son créancier, dans la proportion de 10 pour 0/0 du montant des intérêts qu'il lui paie annuellement pour ledit capital emprunté, et à raison de ce que la propriété foncière est elle-même imposée en moyenne dans cette proportion.

On dit : *l'impôt sur les rentes serait une chose injuste, car il violerait un engagement sacré.*

La création des rentes en paiement des premières dettes de l'État remonte actuellement à plus d'un demi-siècle ; la question de la réduction de l'intérêt ou du remboursement a été traitée et résolue aux Chambres si souvent et depuis si long-temps, qu'il n'est pas un rentier ou un joueur à la Bourse qui ne sut dans quelle condition il pourrait être d'un moment à l'autre, aussitôt que justice serait enfin faite de la pauvre raison *de l'inopportunité*.

On dit aussi : *l'impôt sur la rente ruinerait le crédit du Trésor.*

En quoi le crédit du Trésor serait-il ruiné, s'il était établi sur la rente un impôt égal à celui qui frappe sur les immeubles? La rente ne possède-t-elle pas *seule* l'immense avantage de pouvoir d'un jour à l'autre être convertie en espèces ou valeurs réalisables? En est-il de même de la propriété? à la vente de laquelle il faut le plus souvent des années, puis encore des termes de paiements plus ou moins éloignés. La rente donc, par cet unique et précieux privilége d'une réalisation immédiate n'en sera pas moins recherchée par de grands capitalistes, voulant se ménager de faciles ressources, par toutes les personnes qui aiment à vivre tranquillement, et par la foule de joueurs au jour le jour, qui se préoccuperont plus de réaliser cent et cent fois des bénéfices dans un temps donné, que de la cotisation de 10 pour % qui lui serait affectée.

On ajoute encore : que *l'impôt sur la rente rendrait très-difficile dans l'avenir la réalisation d'impôts nouveaux.*

Il y a ici aberration complète, car on se demande quels seraient les impôts nouveaux qu'il serait seulement facile d'établir, par cela même que la rente en serait exempte? Le saint principe de la justice ne ferait-il pas accepter avec résignation, sinon avec plaisir, un impôt qui viendrait contribuer aux besoins de l'Etat, dans la proportion à laquelle sont appelées toutes les autres valeurs productives, plutôt que de laisser ajouter impôts sur impôts sur la même matière?

On dit enfin : *que l'incom-tax, impôt qui pèse sur tous les revenus quelconques, rentes sur l'État, rentes foncières, intérêts industriels, traitements, appointements, etc., etc., serait une mesure excellente qui donnerait d'immenses ressources au trésor public, et servirait puissamment à en raffermir le crédit.*

IMPOT PROGRESSIF SUR LES REVENUS.

Cette contribution, qu'il est inutile d'appeler du nom anglais *incom-tax*, est effectivement la plus rationnelle et la plus équitable; mais il faut qu'elle soit établie avec les combinaisons que nous proposons ci-après. Alors seulement elle compléterait parfaitement le système de nos impôts : en ce que, à l'avenir, les charges publiques se répartiraient entre les citoyens, *progressivement* à l'ensemble des ressources existantes, à quel âge et dans quelles conditions que soient les possesseurs ; à partir, toutefois, d'un minimum de revenu net, fixé de telle sorte, que les besoins de la famille, et même un commencement d'aisance, n'en soient pas encore atteints ; tandis qu'elle ferait enfin contribuer celui qu'on ne trouve nulle part en nom, soit qu'il ait placé toute sa fortune dans des entreprises industrielles ou commerciales, soit que cette même fortune résulte entièrement de son industrie, de son talent ou de sa science.

Il n'y aurait pas d'ailleurs autant de difficultés qu'on pourrait le supposer pour établir exactement le chiffre des ressources de certaines personnes. Pour telle, par exemple, qui a 40,000 francs de revenu, et n'a monté sa dépense que sur un aperçu de 20 à 30,000 francs ; pour telle autre, au contraire, qui paraîtrait devoir dépenser de moitié au double de ce qu'elle voudrait prouver pièces en main. Rien de tout cela ne devrait arrêter : tout obstacle s'applanirait à l'usage et par suite des mesures que nous indiquons.

L'impôt progressif viendrait enfin atténuer ce que paraissent présenter d'injuste *par leur proportionnalité*, l'impôt *foncier* conservé et ceux à créer *des rentes et de la taxe supplémentaire et de retenue* (1), les seuls auxiliaires qu'il soit nécessaire de lui donner. Combiné avec ceux-ci, il procurerait d'immenses ressources au trésor public, en permettant d'abolir six autres contributions qu'il résume complètement, tout en conservant le personnel des employés dont les travaux cependant se trouveraient de beaucoup simplifiés par la suite.

---

(1) *La taxe supplémentaire et de retenue* s'appliquerait aux capitaux dans certaines circonstances, on en verra le jeu aux exemples et explications donnés ci-après. Elle ne serait souvent qu'une amende qui se justifierait par le besoin qu'il y aurait parfois de trancher arbitralement, surtout au début. Mais l'accomplissement des formalités et les renseignements que l'on obtiendrait par tous les moyens que nous indiquons et que l'usage viendrait compléter, en rendrait rarement utile l'application.

RÉSUMÉ SUR LES IMPOTS A MAINTENIR OU A CRÉER.

UN A MAINTENIR.

L'impôt foncier.

De nos anciens impôts, celui du foncier seul serait conservé; il s'appuie sur la propriété, l'une des premières bases de l'édifice social; il est le grand-livre de la richesse immobilière; il fait participer aux charges publiques, du plus petit au plus grand possesseur, et c'est le seul de tous contre lequel ne puisse jamais réclamer celui-là même qui n'a en partage que la plus minime parcelle.

TROIS A CRÉER.

1° *L'Impôt sur la Rente.*

Une contribution de 10 p. % serait appliquée aux rentes payées par l'État; elle serait retenue par le Trésor même, lors de leur paiement par semestre.

2° *Taxe supplémentaire et de retenue, assise sur les intérêts de tous les capitaux.*

1° Tous les prêteurs ou bailleurs de fonds, à quel titre onéreux que ce puisse être, supporteraient à l'avenir de la part de leurs débiteurs, sur le paiement des intérêts de leurs capitaux, une retenue de 10 p. % pour tenir compte à ceux-ci de la partie de contribution afférente à ces produits, et dont ils se trouvent seuls grevés par les impôts *foncier* ou *progressif.* L'équité pouvant encore faire considérer cette mesure comme une prime d'encouragement à la grande part qu'ils apportent par l'exploitation même de ces capitaux au mouvement général de la richesse publique.

Il serait défendu aux créanciers de ne pouvoir jamais imposer à leurs débiteurs de les désintéresser de cette obligation, et la meilleure garantie que l'État pourrait apporter à l'accomplissement de cette mesure si importante, serait l'acceptation complète du système qui impose la même charge à toutes les autres conditions de placement, et rend alors parfaitement égal l'avantage des uns et des autres.

2° Lors de l'établissement du revenu net général, sur lequel doit porter ensuite l'impôt progressif dont il est parlé ci-après ; il serait appliqué *une taxe supplémentaire* de 10 p. % sur l'intérêt calculé à 5 p. % des capitaux qui appartiennent en propre au contribuable dont on aurait à régler la cote et qu'à défaut de titres ou preuves suffisantes, la commission du fisc jugerait devoir exister, pour justifier l'importance des affaires ou la position de fortune qu'elle croirait pouvoir attribuer au contribuable.

S'il était évident que le capital employé appartint à un tiers, l'impôt ne serait plus applicable, et la cote du débiteur subirait au contraire une réduction de la somme des intérêts qu'il devrait, calculés à 5 p. % du chiffre dudit capital, quels que soient d'ailleurs ceux convenus entre les parties.

Ces considérations sont concluantes, pour qu'il y ait parité à l'égard de la double imposition qui pèserait sur les capitaux, comme il en serait du reste au sujet des immeubles. En effet, le prêteur paierait une première fois par la retenue que lui ferait son débiteur sur les intérêts de ses capitaux, puis une seconde fois au Trésor même, par l'impôt progressif sur les revenus dont font partie les intérêts de ces capitaux. Quant à l'exploitant qui se sert de ses propres ressources, il paierait directement au Trésor les deux contributions : 1° la taxe de 10 p. % ; 2° l'impôt progressif sans réduction.

3° Impôt progressif sur les revenus nets.

Pour chaque citoyen jouissant de ses droits, *à quel âge que ce soit* et au domicile qu'il occupe dans la commune la plus importante en population, il serait établi une contribution qui s'accroîtrait progressivement à l'importance des revenus nets, de quelque nature qu'ils puissent être, soit par exemple qu'ils proviennent d'immeubles, de rentes, d'intérêts de capitaux (1), de traitements pour fonctions et emplois, ou de produits, de travaux d'art, de la science, du talent, ou d'une industrie quelconque ; cet impôt ne serait jamais arrêté que sur des revenus ou justifiés ou établis

---

(1) Les cautionnements déposés au trésor pour les emplois du gouvernement ne produisant que 3 p. % d'intérêt, ne seraient assujettis à la taxe de 10 p. %, et compris à la formation du revenu pour l'impôt progressif, que pour les sommes de 20,000 fr. et au-dessus.

d'office et nonobstant toutes contributions auxquelles l'un où l'autre de ces revenus aurait pu être imposé, mais alors, après en avoir fait la déduction, ainsi que de la retenue qu'auront à subir les intérêts des capitaux placés ou déposés à titre onéreux, et tel qu'il est dit ci-dessus.

Cette contribution, désignée sous le nom *d'impôt progressif sur les revenus nets*, s'établirait dans les proportions graduellement arrêtées au tarif ci-annexé, et dont les minimums sont fixés à 40 fr. de cotisation pour 3,500 fr. de produit.

FORMALITÉS ET PIÈCES JUSTIFICATIVES

Nécessaires aux agents du fisc et aux contribuables, pour assurer et régulariser l'établissement des contributions directes.

Pour fixer les revenus provenant des propriétés foncières, les percepteurs fourniraient aux contrôleurs la liste des contribuables qui n'habiteraient pas l'une des communes sur lesquelles sont situées les propriétés, avec l'indication du lieu du domicile. Les directeurs des contributions directes se transmettraient ces pièces de département à département. Il en serait de même entre les conservateurs des hypothèques pour les créanciers inscrits à leur bureau. Ce travail se ferait également dans ceux où s'enregistrent les transferts des inscriptions de rentes sur l'Etat, les actions sur les entreprises quelconques, puis les cautionnements de tous les comptables, etc., etc. Pour chaque placement, remboursement, transfert, enfin pour tout mouvement en acceptation ou en décharge, on prescrirait un enregistrement forcé au bureau *ad hoc*; du coût seulement d'un ou deux francs de droit fixe pour couvrir les frais. Ne pourrait-on pas astreindre les propriétaires, les capitalistes, les marchands ou négociants, les banquiers et toute compagnie ou personne au moment même où elles se trouveraient dans le cas de prêter ou d'emprunter ; à se munir d'un registre à souche, qui serait coté et paraphé par un fonctionnaire dûment chargé de le faire ; par le receveur de l'enregistrement par exemple, qui aurait encore à les délivrer. Ce registre contiendrait des indications uniformes et toutes nécessaires pour éclairer les agents des contributions directes, qui, par devers eux, auraient réuni à l'avance tous les renseignements que les différentes administrations appelées à y contribuer auraient coordonné entre elles.

Nous pensons qu'à l'aide de tous ces moyens, qui bien étudiés seraient d'une facile exécution, l'administration arriverait à pouvoir établir, aussi exactement que possible, la véritable situation imposable de chaque personne.

APPLICATION.

Lors de l'établissement des revenus ou produits pour l'assiette de l'impôt progressif, l'intéressé serait appelé à en discuter le chiffre indiqué d'office par la commission des contributions, mais par la représentation de titres authentiques sur leur nature. Si ces revenus ne provenaient pas d'immeubles, de rentes sur l'Etat ou de placements quelconques, et que le contribuable se refusât à rien prouver, on ajouterait alors à la cote de l'impôt, fixée d'après le tarif, la taxe supplémentaire de 10 p. % sur ces mêmes revenus pour tenir compte de pareil impôt auquel seraient assujétis de prime abord les valeurs immobilières, les rentes sur l'Etat et les capitaux déclarés, en conséquence de l'impôt foncier et de la retenue opérée de débiteur à créancier.

Pour les négociants, marchands et industriels, les notaires, avocats, avoués, greffiers, huissiers, médecins, artistes, et pour tout état libéral ou profession manuelle quelconque, il serait facile, par des documents certains pour les uns, de fixer les bases de l'impôt progressif; pour les autres, et pour tous même, s'il devait y avoir plus de vérité, la commission en jugerait arbitralement, en ayant soin, une fois dite pour toutes, d'ajouter aux revenus résultant des professions, tous ceux provenant encore de propriétés, de rentes, de placements et enfin des capitaux employés dans l'entreprise, appartenant en propre aux contribuables.

Il en serait de même pour les grandes charges de l'Etat, les magistrats, les fonctionnaires et employés généralement quelconques, tant du gouvernement que de toute entreprise publique ou privée, et pour les officiers de tous les grades dans les armées de terre et de mer, l'impôt serait établi, tant sur le traitement principal que sur tous les produits résultant des fonctions, sous quelque nom qu'ils soient désignés ; ainsi que sur la valeur relative à donner aux logements, à la nourriture, au chauffage et à l'éclairage dont jouissent, en totalité ou en partie, certaines personnes. L'impôt progressif serait *seul* affecté à toute cette catégorie, à l'exception de ce qu'il y aurait à reprendre pour tous les citoyens qui seraient en outre possesseurs d'immeubles, de rentes, de capitaux placés ou de cautionnements.

Par ces moyens, toutes les richesses territoriales, mobilières et industrielles seraient doublement imposées, 1° par les contributions *foncière, des rentes, supplémentaire et de retenue;* 2° par *l'impôt progressif* sur les revenus et produits réunis.

Et qu'on ne se récrie pas sur cette double taxe, l'une sans l'autre, tout ne serait pas atteint. L'impôt foncier ne fait contribuer ni le capitaliste ni l'industriel ; l'impôt progressif seul n'atteindrait pas celui qui épargne largement de grandes ressources, qui pourront être établies à l'aide des différentes pièces dont seront munis les agents du fisc.

La faculté donnée à la commission des contributions de pouvoir imposer d'office, par la taxe supplémentaire de 10 p. °/° du revenu, tous les produits non justifiés, aurait le précieux avantage d'amener les contribuables à éclairer sur le champ l'administration, dans la crainte de se trouver surchargés par de fausses indications.

En outre la suppression de plusieurs impôts, faite pour soulager complètement les prolétaires et pour venir encore en aide aux besoins de la famille du citoyen peu aisé, dont avant tout il faut assurer l'existence ; l'impôt progressif ne commencerait à fonctionner qu'à partir d'un revenu net dont le minimum serait fixé à 3,500 fr. (1), et pour lequel la contribution serait de 40 fr.

(Voir aux pièces ci-jointes le tarif que nous proposons à ce sujet.)

---

(1) Ce point de départ n'est-il pas le plus convenable pour satisfaire aux premières nécessités de la vie matérielle et aux dépenses à faire pour l'instruction des enfants, et qu'on remarque bien ainsi qu'il est établi à l'exemple nᵒ 2, que l'impôt n'est seulement de 40 fr., que pour le cas où le revenu résulte d'une fonction ou d'une profession, et qu'aussitôt qu'il est le produit d'une propriété ou de capitaux, l'impôt s'élève de suite à 390 fr., ce qui enlève déjà une ressource importante relativement.

EXEMPLES.

1er Exemple. Si un revenu de 3,500 provenait des appointements d'un emploi ou des produits d'une profession quelconque, le contribuable n'aurait absolument à payer que 40 fr. de contribution. (*Voir le tarif à la fin.*)

2me Exemple. Si ce revenu résultait d'une propriété ou d'une rente, ou des intérêts d'un capital placé, et qu'il fut bien justifié ; il se trouverait déjà imposé dans la catégorie d'où il proviendrait, ainsi qu'il a été expliqué précédemment. En immeubles, l'impôt d'environ 10 p. % du revenu net pourrait être de 350 fr. (1), ce qui, avec les 40 fr. de l'impôt progressif, porterait la totalité de la participation aux charges publiques à 390 fr.

3me Exemple. Si ce produit n'était pas même justifié par une occupation, on le supposerait le résultat des intérêts d'un capital engagé ; dans ce cas, il serait ajouté à l'impôt progressif fixé à fr.. 40

La taxe supplémentaire de 10 p. % sur les 3,500 fr. de revenu ou.. 350

Ce qui porterait les deux droits au total de........ 390

4me Exemple. Pour un revenu de fr............. 6,000

Composé : 1° d'une propriété d'un produit net de. 3,000
2° d'un emploi aux appointements de. 3,000

Total égal, fr............... 6,000

L'impôt progressif serait, d'après le traif, pour les 6,000 fr. de.. 100

A l'impôt foncier, les 3,000 fr. seraient compris pour environ... 300

Séparément le contribuable aurait donc à payer (1).. 400

---

(1) L'impôt foncier est établi dans la commune même où est situé la propriété. Le contribuable aurait à en justifier aux agents du fisc, là où serait le domicile entraînant l'impôt progressif.

(2) S'il n'y a que 10 fr. de différence pour la totalité des contributions entre les revenus nets de 3,500 fr., dans les 2me et 3me exemples, et celui de 6,000 fr. établi au 4me, on devra remarquer que dans le dernier cas, il y a un revenu de 3,000 fr., qui n'est que viager, tandis que ce sont des fonds ou des propriétés dans les deux autres.

5me **Exemple.** Pour un revenu net de fr. (1)...... 30,000

Composé : 1° de propriétés diverses, ensemble d'un produit brut de 14,000 fr. impôts déduits, de.. 12,600

2° D'une rente de 9,000 f., impôts déduits, de. 8,100

Revenu justifié......... 20,700

L'impôt progressif sur..................... 30,000
est d'après le tarif de...................... 2,400

La taxe supplémentaire imposée d'office sur le revenu non justifié de.................... 9,300
à raison de 10 pour 0/0 est de...................... 930

Total pour les deux droits........ 3,330

Nota. La totalité des contributions payées pour trente mille francs de revenu net dans les conditions ci-dessus établies, serait comme suit :

1° Impôt foncier sur 14,000 fr. de revenu, ci....... 1,400

2° Impôt de la rente, retenu par le Trésor aux échéances par semestre, à 10 p. 0/0 sur les 9,000 fr., ci. 900

3° Taxe supplémentaire de 10 p. 0/0 sur les 9,300 fr. non justifiés, ci................................. 930

4° Impôt progressif, ci........................... 2,400

Pour tous les impôts réunis au total............... 5,630

6me **Exemple.** Pour un négociant présentant un revenu net de fr.................................. 22,000

Par ses livres, l'inventaire, au 31 décembre dernier, présentait un capital roulant de 30,000 fr. en argent et marchandises, dont 20,000 fr. d'emprunt, et 10,000 fr. à lui appartenant.

Ses acquisitions ont été de........................ 150,000

La vente de..................................... 200,000

Boni brut................. 50,000

---

(1) On suppose ici que le revenu n'a pas été entièremeut déclaré par le contribuable, et qu'à l'appui des renseignements qui ont éclairé les agents du fisc, le train et la tenue de la maison, ont du faire évaluer sa fortune à 30 mille francs au moins.

Report............ 50,000

A déduire, 1° frais et perte.............. 27,000

2° Pour les intérêts à 5 p. 0/0 du capital emprunté................................. 1,000

28,000

Bénéfice net........... 22,000

CONTRIBUTIONS A ÉTABLIR.

1° Impôt progressif sur 22,000 fr., d'après le tarif, est de...................................... 1,600

2° Taxe supplémentaire de 10 peur 0/0 sur l'intérêt à 5 pour 0/0 du capital, argent et marchandises, de 10,000 fr., soit sur 500 fr.............................. 50

Paierait au total............. 1,650

7ᵐᵉ et dernier Exemple. Pour un revenu net, *positif* ou *supposé* de............................. 20,000

Pour traitement d'un haut emploi, sans cautionnement et sans autres ressources, ou pour produit des travaux d'un homme de lettres, d'un architecte, d'un artiste peintre, ou de toute autre profession libérale :

L'impôt progressif serait de..................... 1,400

En propriété, ce revenu donnerait à l'État :

1° Impôt foncier, environ............... 2,300

2° Impôt progressif..................... 1,400

Au total......... 3,700

Ainsi, 2,300 fr. de contributious de plus pour celui qui possède. N'est-il pas juste, en effet, que tout en faisant contribuer aux charges publiques, la fortune que procure la science ou le talent, que ce ne soit cependant que dans une proportion bien plus faible que celle qui résulte de valeurs foncières ou mobilières (1) ?....

---

(4) L'impôt progressif subira parfois une réduction dans le produit. Elle résultera de la division du revenu par suite du décès ou de partage du chef de famille. Il y aura alors une atténuation progressive sur la matière imposable.

CONSÉQUENCES.

On le voit donc, de la combinaison seulement de quatre impôts, *foncier*, *des rentes*, *supplémentaire* et *progressif*, se résolvant en définitive dans le dernier, fondé sur le produit général de toutes les richesses possibles, celles naturelles, industrielles et intellectuelles; la répartition des charges publiques n'aurait-elle pas lieu dans les conditions les plus rationnelles et les plus équitables?...

Mais, deux considérations bien importantes ressortiraient encore de l'adoption de ce système : la première, c'est que, selon les besoins de l'État, *il suffirait d'abaisser ou d'augmenter le quantum de la contribution progressive, sans jamais toucher à ses auxiliaires*. La seconde, qui est la conséquence forcée de l'emploi de notre mode d'imposition, qui va chercher toutes les matières imposables, serait en définitive de rendre *inutiles* toutes les autres contributions directes. Le maintien de celles qui existent formerait alors double emploi et la plus inique perturbation.

Cette observation doit rigoureusement s'appliquer aux impôts indirects et aux droits d'octroi, *en tant qu'ils portent sur des objets de consommation*, sauf aux villes qui ont besoin de se créer un revenu, de voter des centimes additionnels basés sur l'impôt progressif même, dans la mesure qui leur serait nécessaire, et seulement pour remplacer le produit de ces objets de consommation.

SUPPRESSION DE SIX CONTRIBUTIONS.

Il y aurait donc à supprimer immédiatement les anciens impôts du *personnel*, du *mobilier*, des *portes et fenêtres*, des *patentes*, et ceux nouvellement décrétés, *l'impôt somptuaire*, et celui *sur les créances hypothécaires*.

L'établissement et la perception de toutes ces contributions sont difficiles et vexatoires, elles blessent certaines susceptibilités et occasionnent des jalousies et des récriminations justement fondées, chaque cotisation de l'une et de l'autre, prouve à l'évidence combien elles sont irrationnelles, inéquitables et insuffisantes. Nous citerons seulement pour exemple :

1° Que l'impôt personnel est plus souvent oublié à l'égard du fils de famille jouissant de ses droits, que pour le plus simple ouvrier des campagnes.

2° Qu'à l'impôt mobilier se trouve aujourd'hui imposé à 36 fr. une personne logée à Paris au septième, ayant à peine 4,000 fr. de revenu, tandis qu'une autre, jouissant de 80,000 fr. de rentes et occupant au premier un loyer de 5,000 fr., ne paie que 275 fr. Ainsi, pour 20 fois plus de fortune, il n'y a que huit fois plus d'impôt.

3° Que l'impôt des portes et fenêtres, frappe non-seulement la pauvre chaumière n'ayant qu'une seule ouverture, *la porte d'entrée*, qu'on laisse toute grande ouverte l'hiver, pour y voir clair, mais encore cette inhumaine contribution impose un simple trou, garni d'un carreau de vitre ou d'un simple papier huilé, à l'égal d'une porte ou d'une fenêtre de six pieds de hauteur ; et quel jour donnent souvent à Paris cette multitude de fenêtres qui ouvrent sur ces entonnoirs de plus de soixante pieds de profondeur ?.....

4° Qu'à l'impôt des patentes, un riche banquier, réalisant de 50,000 à 200,000 fr. et plus de bénéfices nets, ne se trouve cotisé à Paris, et avec un loyer de 15,000 fr., aux droits les plus élevés, que pour 2,260 fr., tandis que pour une profession des plus modestes, dans la catégorie des bas métiers, on payait 198 fr. de patente ; qu'avant la loi de 1844, les droits étaient de plus de 500 fr., et le tout, pour des bénéfices dépassés par une dépense journalière de près de 6 fr., se soldant au bout de l'année par un déficit de près de 2,000 fr.

5° Que *l'impôt somptuaire* est mal combiné et sera très-peu productif ; qu'une nouvelle contribution ne devrait être établie qu'autant que les grandes ressources qui en résulteraient devraient effacer l'inconvénient des récriminations plus ou moins fondées qu'elle occasionne tout d'abord. Cet impôt aurait dû frapper tous les domestiques des deux sexes attachés au service de la personne ; il y a probablement en France plus d'un million de ménages ayant au moins *une domestique*, qu'une cotisation de 15 à 20 fr. par tête n'empêcherait pas de conserver. Il n'y a guère, au contraire, que quelques milliers de maisons où se trouvent deux domestiques mâles. Toutes les fortunes qui permettent un valet de chambre, une cuisinière, une femme de chambre et une bonne d'enfants, ne seront donc pas atteintes ? Quatre domestiques prouvent cependant un revenu de plus de 20,000 fr. !...

6° A l'égard de la contribution directe établie sur *les créances hypothécaires* par décret du 19 avril 1848, à raison de 1 p. % des capitaux placés par obligations à terme ou en rentes perpétuelles, et de 50 cent. p. % pour ceux en rentes viagères ; ce qui répond en premier lieu à 20 p. % du revenu. On ne saurait considérer cet impôt, ainsi que celui dit somptuaire, que comme temporairement établis ; celui-ci est en effet le double de ce que nous proposons de faire retenir par les débiteurs sur les intérêts qu'ils ont à payer à leurs créanciers. Le maintien de cette contribution, qui n'a même pas le mérite d'alléger les rudes charges du propriétaire emprunteur, aurait pour résultat de ruiner l'agriculture que l'on a tant d'intérêt à ménager, en ce qu'il occasionnerait incessamment le retrait des capitaux qui lui sont confiés, pour les faire rejeter sur la rente ou dans l'industrie. Cette mesure est véritablement déplorable par son énormité.

Que *l'abolition* de ces impôts ferait donc d'heureux !... elle exempterait enfin de charges bien lourdes toutes les classes peu aisées des villes et des campagnes, et cette suppression se trouverait largement remplacée par les cotisations de ceux qui possèdent davantage, suivant les principes que nous venons de développer.

Ce nouveau système n'a-t-il pas le grand mérite de simplifier, autant peut-être qu'il est possible, toute l'économie des contributions directes. Il ne met jamais les agents du fisc en contact qu'avec les classes qui possèdent au moins une certaine fortune. *Que le gouvernement* donc l'étudie comme nous pensons qu'il en est digne. Il peut facilement, au moyen de toutes les statistiques qu'il possède, se faire rendre compte par un travail préparatoire des immenses avantages qu'on peut en obtenir pour le trésor public, en outre tous les principes moraux qu'il consacre.

DERNIÈRES RÉFLEXIONS.

L'équité et la justice commandent pour tous :

LIBERTÉ, ÉGALITÉ, FRATERNITÉ,

Pour la mise en action du saint principe de la Fraternité, LA

PART DU NÉCESSAIRE FAITE, *tout et tous* doivent contribuer aux charges publiques dans la mesure progressive des moyens matériels et intellectuels.

Les capitaux et les rentes non imposés maintiendraient, contrairement à nos mœurs, *un privilége monstrueux* et d'autant plus révoltant, qu'en cas d'insuffisance, on écrase les immeubles par tous les moyens.

Par le seul fait de leur participation à l'impôt, les capitaux reflueraient sur la propriété par l'achat et les prêts hypothécaires. De là, plus de développement dans l'industrie agricole, plus de produits, plus de bien-être pour les ouvriers de l'agriculture, moins d'émigrations des champs à la ville, et moins alors de bras inoccupés aux portes des fabriques.

Sur ce projet, le soussigné appelle de tous ses vœux le consciencieux et profond examen de tous les financiers, de tous les hommes loyaux. Il bénirait la Providence et ses concitoyens si l'idée qu'il propose était acceptée, ce qui justifierait la pensée qu'il a eu de chercher à être utile à son pays.

Al.^{dre} **BAUDRON** DE **LAMOTHE,**

Ancien Contrôleur de 1re classe des Contributions directes
dans le département de la Nièvre.

Paris, le 7 Mai 1848.

3, *Place de la Madeleine.*

(Voir à la suite les pièces justificatives et le tarif progressif.)

APERÇU
DU PRODUIT DES CONTRIBUTIONS
Qui doit résulter de l'application du système proposé.

La suppression des impôts *du personnel et mobilier, des portes et fenêtres, et des patentes,* enlève au Trésor, y compris les ressources départementales et communales, qui figurent pour une somme de 37,722,210 francs, celle totale de 143,959,750

Nous ne nous occuperons pas des produits qui doivent résulter des nouvelles contributions *somptuaire* et *des créances hypothécaires,* qu'on ne saurait d'ailleurs apprécier, et qu'il ne faut sans doute considérer que comme des moyens purement temporaires.

Faute de précieux renseignements que possède sans doute l'administration, et qui auraient bien facilité et complété notre travail, nous nous contenterons de présenter les ressources des impôts combinés tels que nous les proposons, par de simples appréciations que nous avons eu soin d'établir dans les conditions les moins avantageuses, du moins pour ce que nous ne pouvons traiter que par hypothèse.

RESSOURCES NOUVELLES.
CHAPITRE Ier.—PRODUITS CERTAINS.

1o Les rentes sur l'État s'élèvent pour le 3, le 4, le 4 1/2 et le 5 pour 0/0 (budget de 1849), à............ 255,553,620

L'impôt de 10 pour 0/0 serait retenu par le Trésor lors de leur échéance de six mois en six mois, ce qui donnerait, d'après la rente elle-même.................................... 25,555,362

Si, au contraire, l'impôt frappait de 10 pour 0/0 l'intérêt à 5 pour 0/0 du capital de 6,329,452,168 fr. ce serait................... 31,647,260

Les deux réunis.......... 57,202,622

On a pour la moyenne...... 28,601,311

2o Les placements sur l'État, des communes et des établissements publics, paieraient à 10 p. 0/0 :

1o Soit sur les intérêts de 22,000,000 fr., ci............. 2,000,000

2o Soit l'intérêt à 5 pour 0/0 du capital de 585,000,000 fr., ci... 2,925,000

Les deux réunis........ 4,925,000

On a pour la moyenne... 2,462,500   2,462,500

Totaux à reporter............. 31,063.811   143,959,750

Report des produits supprimés.............. 143,959,750
Id. *des produits nouveaux*.. 31,063,811

CHAPITRE II. — PRODUITS SUPPOSÉS.

1° *Inscriptions hypothécaires et capital monnayé*.

En supposant comme il est dit qu'il y ait pour 12 milliards d'inscriptions hypothécaires sur la propriété, nous réduirons de 2 milliards pour tenir compte de ce qui peut avoir été payé sans qu'il y ait eu de radiation, alors seulement...................... 10,000,000,000

Sur plus de 5 milliards d'or et d'argent en circulation, nous prendrons comme capitaux placés dans les banques, les chemins de fer, et toute entreprise industrielle et commerciale, seulement.................. 4,000,000,000

Au total......... 14,000,000,000

Ce qui, à 5 pour 0/0, donne un revenu de............... 700,000,000

Nous en retrancherons un quart, ou................... 175,000,000

Pour tenir compte de tous les prêts faits au-dessous d'un produit de 3,500 fr., minimum du revenu que frappe l'impôt progressif.

Nous admettons qu'un quart, ou...................... 175,000,000

Venant se joindre à d'autres ressources provenant, soit de propriétés, soit d'industries, fournisse 35,000 cotes d'un revenu moyen de 5,000 fr. qui, d'après le tarif de 70 fr., donneraient pour l'impôt progressif, ci. 2,450,000

Il nous reste deux quarts, ou 350,000,000 fr. qui, avec les circonstances dites ci-dessus, et encore plus admissibles, donneraient 35,000 cotes de 10,000 fr., à 400 fr. l'une, ou....... 14,000,000

Et au total, une contribution de 16,450,000 16,450,000

A reporter...... 47,513,811   143,959,750

Report des produits supprimés......   143,959,750
Id. des produits nouveaux...... 47,513,811

2° *Revenus et produits d'après les immeubles.*

L'impôt foncier est de 281,274,204 f. (budget 1849). En supposant 1/3 pour les cotes, dont le revenu serait au-dessous de 3,500 fr., il y aurait pour les 2/3 au-dessus 187,516,000 fr., qui, multipliés par 10 fois la valeur, pour avoir le revenu net imposable, présenteraient 1,875,160,000 fr., et fourniraient en revenu moyen de 10,000 fr.......... 187,516 cotes.

Ce calcul est justifié par cet autre : qu'en 1843 le nombre des électeurs inscrits à 200 fr. d'impôts était de 220,000. Les 32,000 cotes de plus ici, sont négligées pour tenir compte de la différence qu'il y a en moins entre 2,000 fr. de revenu seulement donné pour 200 fr. d'impôts, et la moyenne de 10,000 fr. que nous indiquons plus haut, en faisant remarquer cependant que parmi les électeurs il y a peu de cotes rapprochées du chiffre de 200 fr.

Ainsi, 187,516 cotes à 10,000 fr. de revenu donnent un impôt progressif, à 400 fr. l'un, de...................... 75,000,400

Mais pour atténuer ce que pourrait encore avoir de forcé cette donnée, nous établirons une autre combinaison moins avantageuse, et prendrons la moyenne des deux hypothèses.

En portant les 220,000 électeurs à une moyenne de 400 fr. de contributions, au lieu de 200 f. et bien plus de 400 fr. et au revenu de 8,000 f. l'un, les 220,000 cotes à l'impôt progressif de 190 fr., donnent............ 41,800,000

Pour les deux exemples. 116,806,400
Pour la moyenne....... 58,403,200   58,403,200

3° *Produits d'après l'industrie.*

La contribution des patentes à supprimer produisait.................... 43,190,340

Bien que le petit commerçant, qui ne se ferait pas au moins 3,500 fr. de revenu, doive se trouver exempt de l'impôt progressif, il est évident que pour les négociants et industriels à

A reporter........................   105,917,011   143,959,750

Report des produits supprimés........		143,959,750
Id. *des produits nouveaux*........	105,917,011	

bénéfices au-dessus du minimum, les produits de la nouvelle cotisation dépasseraient souvent quatre à cinq fois l'ancienne. Mais malgré la conviction dans laquelle nous sommes que les produits de patente seront plus que doublés, nous ne porterons ici que moitié en sus, ou...   72,283,510

A l'objection que l'on croirait pouvoir faire qu'il y a double emploi entre les produits des commerçants dont nous parlons ici et ceux des capitaux qu'ils emploient, et qui sont établis plus haut, nous répondrons que la plus grande partie des bénéfices du commerce se fait par le crédit et le renouvellement continuel, et que l'intérêt du capital attaché à l'entreprise est bien peu important dans les affaires.

4° *Produits d'après les emplois et toutes les professions intellectuelles.*

En faisant état des revenus résultant de tous les emplois du gouvernement, des charges, des officiers publics et de toutes les personnes qui exercent des professions libérales, on trouve un produit de plus de........................   2,000,000

Total des produits nouveaux.........	180,202,521
Produits supprimés à déduire.........	143,959,750
BONI en faveur du projet.............	36,242,771

Nous ferons cependant remarquer qu'en établissant, comme nous l'avons fait ici, des moyennes de revenu imposable, entièrement au compte des masses de produits de la propriété et des capitaux, isolément les unes des autres, ce n'est pas donner les vraies ressources *de l'impôt progressif*, parce qu'il est de fait qu'il y a peu de fortunes seulement composées de capitaux; qu'en général ils viennent par leurs intérêts s'ajouter à d'autres moyens, ce qui évidemment augmente considérablement et le nombre des cotes au-dessus de 3,500 fr., et le chiffre de leur accroissement progressif.

En résumé, nous avons la conviction la plus intime que l'application de notre système ferait surgir des ressources imprévues considérables et bien supérieures au déficit des impôts supprimés. Mais nous nous trouverions encore bien heureux lors même qu'il se trouverait simplement soldé par une égalité de produits, puisque en définitive il devrait en résulter L'AFFRAN-CHISSEMENT DE TOUT IMPOT POUR LA MASSE DES CLASSES PAUVRES ET PEU AISÉES !....

TARIF DE L'IMPOT PROGRESSIF

A APPLIQUER

AUX REVENUS OU PRODUITS NETS,

En exécution de la loi du 1848.

Revenus.	Contributions.	Revenus.	Contributions.	Revenus.	Contributions.
F.	F.	F.	F.	F.	F.
Pour 3,500....	40	Pour 34,000....	2,800	Pour 71,000....	9,200
4,000....	50	35,000....	2,900	72,000....	9,400
4,500....	60	36,000....	3,000	73,000....	9,600
5,000....	70	37,000....	3,100	74,000....	10,000
5,500....	85	38,000....	3,200	75,000....	10,200
6,000....	100	39,000....	3,300	76,000....	10,400
6,500....	115	40,000....	3,500	77,000....	10,600
7,000....	130	41,000....	3,600	78,000....	11,000
7,500....	160	42,000....	3,700	79,000....	11,200
8,000....	190	43,000....	3,800	80,000....	12,000
8,500....	220	44,000....	3,900	81,000....	12,200
9,000....	270	45,000....	4,000	82,000....	12,400
9,500....	320	46,000....	4,100	83,000....	12,600
10,000....	400	47,000....	4,200	84,000....	13,000
11,000....	500	48,000....	4,300	85,000....	13,200
12,000....	600	49,000....	4,400	86,000....	13,400
13,000....	700	50,000....	4,600	87,000....	13,600
14,000....	800	51,000....	4,800	88,000....	14,000
15,000....	900	52,000....	5,000	89,000....	14,200
16,000....	1,000	53,000....	5,200	90,000....	14,400
17,000....	1,100	54,000....	5,400	91,000....	14,600
18,000....	1,200	55,000....	5,600	92,000....	15,000
19,000....	1,300	56,000....	5,800	93,000....	15,200
20,000....	1,400	57,000....	6,000	94,000....	15,400
21,000....	1,500	58,000....	6,200	95,000....	15,600
22,000....	1,600	59,000....	6,400	96,000....	16,000
23,000....	1,700	60,000....	6,700	97,000....	16,200
24,000....	1,800	61,000....	6,900	98,000....	16,400
25,000....	1,900	62,000....	7,000	99,000....	16,600
26,000....	2,000	63,000....	7,300	100,000....	17,000
27,000....	2,100	64,000....	7,500		
28,000....	2,200	65,000....	7,700	De 100,000 à 150,000 fr.,	
29,000....	2,300	66,000....	7,900	20 p. %; de 150,000 à	
30,000....	2,400	67,000....	8,100	200,000 fr., 23 p. %; de	
31,000....	2,500	68,000....	8,300	200,000 à 300,000 fr.,	
32,000....	2,600	69,000....	8,500	25 p. %; au-dessus de	
33,000....	2,700	70,000....	9,000	300,000 fr., 30 p. %.	

D'après ce tableau, pour les revenus de 3,500 fr. à 20,000 fr.,
l'impôt est en moyenne de 4 fr. 69 c. pour cent.

227